LA GUERRE DE L'OPERA.

LETTRE ECRITE A UNE DAME EN PROVINCE,

Par quelqu'un qui n'eſt ni d'un Coin, ni de l'autre.

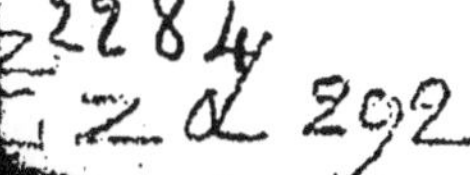

LA GUERRE DE L'OPERA.

LETTRE à une Dame de Province.

MADAME,

Le feu est dans tous les *Coins* de l'Opéra. La Musique Italienne y est aux prises avec la Musique Françoise. Imaginez tous les desordres d'une guerre en même tems étrangere & civile. Des intrigues, des brigues, des factions, des cabales, des hauts, des bas, des révolutions étonnantes; la fortune déclarée d'abord pour l'étranger sans se donner le tems de choisir, chancelante ensuite entre les deux partis, pour se livrer bien-tôt à nous, sans trop sçavoir pourquoi. Des joies outrées, des yvresses, des triomphes passagers, des chûtes inopinées, des projets fols, des desespoirs extravagans. Voilà le foible crayon de ce qui vient de se passer sous nos yeux au Théatre lyrique. L'intérêt que votre goût pour ce spectacle doit vous faire prendre à tous ces mouvemens, vous en ſera ſans doute lire avec plaiſir la Gazette.

On accueillit ſur la fin de l'Eté deux Acteurs Italiens Bouffons, faiſant partie d'une Troupe de ce genre, égarée à Strasbourg. Ce n'étoit point ſans doute pour tenter le goût du Public ſur ce nouveau genre de plaiſir. Ces Bouffons repréſenterent en premier lieu ſur le Théatre de l'Opera une de ces petites Pieces en deux actes, qui portent chez eux le nom d'*intermedes*. L'ouvrage eſt d'un Muſicien très-eſtimé.

On le reçut d'abord avec aſſez de froideur. Il avoit été repréſenté ſix ans auparavant ſur le Théatre des Comédiens Italiens de façon à ne pas laiſſer de lui des préventions agréables. La nouvelle exécution lui fut plus avantageuſe : peu-à-peu les oreilles ſe firent à cette Muſique, les *connoiſſeurs* ſe déclarerent pour elle. Ceux qui veulent paſſer pour l'être, les ſuivirent à ce ſpectacle avec les curieux, les oiſis, & le corps de la nation.

On donna ſucceſſivement deux nouveaux intermedes, dont la Muſique pouvoit n'être pas d'une main ſi nerveuſe & ſi ſaillante; mais qui étoient agréables, & dont le Poeme avoit ou un peu plus d'intrigue ou plus de variété.

Ces différentes ſcenes étoient repréſentées par un Acteur & une Actrice. L'Acteur a un maſque excellent pour le Comique;

il outre continuellement la vérité: mais comme il passe toujours par elle pour tomber dans la charge, on sent qu'il ne tiendroit qu'à lui de s'arrêter en chemin; il a de la précision & du savoir dans son art, sa voix n'est ni forte ni flatteuse, ni naturelle. Il semble ne point connoître le beau goût du beau Chant Italien; aussi n'est-ce pas le droit de sa charge: ce n'est qu'un Bouffon.

L'Actrice est d'une taille au-dessous de la médiocre, jeune, ayant de la finesse & du jeu dans la phisionomie, de l'intelligence. Elle bat la planche à la façon de son pays, avec de petites graces estropiées, mais qui cependant chez elle sont des graces. Sa voix a peu de corps; elle est légere, sonore & juste.

Ce sont-là, Madame, les ouvrages & les sujets dont les succès ont paru menacer notre Chant François, & en particulier notre Opéra d'une chûte prochaine & absolue. Vous eussiez oui pousser tout à l'extrême, épuiser tous les superlatifs de la langue & le néologisme à la mode en faveur des Bouffons, en même tems qu'on accabloit notre Musique de mépris & d'invectives.

Le monologue qui précede le sommeil de Renaud. Sa premiere scene avec Armide dans le cinquième acte de cet Opéra de Lully, le *clair flambeau du monde* de M. *Rameau*, tant d'autres belles choses que nous devons à ces deux fameux Compoſiteurs, & à quelques-uns de ceux qui les ont pris pour modele, étoient traités de Plein-chant digne à peine de la barbarie des Egliſes d'Allemagne.

Cette volupté que réunit à l'Opéra l'enſemble d'une ſcene adroitement filée, d'une ſituation touchante, d'un dénouement heureux, d'un Ballet bien amené, & danſé par l'élite de ce que les deux ſexes ont de plus parfait dans ce genre pour les graces & la figure, ce tableau ſecondé d'une décoration fraîche & riante ; tout cela, dis-je, ne devroit plus faire d'effet ſur nous.

Un *Allemand* avoit imaginé que nos Danſeurs exécutoient de mauvaiſe grace, que notre Chant ne rendoit point l'expreſſion de notre Langue. Et trois *Géometres* avoient calculé que le tout, joint enſemble, ne pouvoit pas faire une ſomme complette de plaiſir.

Cela peut être vrai pour les *Géometres*. J'ai oui-dire qu'on ne les faiſoit éternuer qu'avec de la bétoine. Puiſqu'ils ſont ſi durs à émouvoir, les croyez-vous faits pour meſurer nos amuſemens ?

C'étoient-là, Madame, les principaux factieux qui s'étoient ſoulevés contre le ſceptre de l'Opéra. Comme ils ont de l'eſprit & des connoiſſances, ils fourniſſoient des raiſons à tous ceux qui s'étant jettés dans leur parti par inconſtance, cherchoient à s'autoriser dans leur désertion, & à entraîner les autres.

Nos Apôtres de l'Italie, pour mieux raffermir leurs néophites, s'érigerent bien-tôt en petits Prophetes. S'ils eussent pû, ils auroient fait des miracles.

Je vous envoie un exemplaire de leurs Prophéties, supposant que cette nouveauté n'a pas encore percé dans votre Province. Il y a plus que de la hardiesse dans le plan, de la finesse & du badinage dans l'exécution, de la partialité dans les décisions; & ce qui caractérise enfin & toujours les faux Prophetes, beaucoup de fanatisme, & quelquefois de la mal-adresse.

Vous y verrez *Lully* traité indignement: on y rend à *Rameau* une justice qui seroit beaucoup plus flatteuse pour lui, si on ne la refusoit pas à son prédécesseur & à son rival.

On y loue beaucoup M. *Jelionte*, qui ne sauroit être trop loué; Mlle *Fel* qui mérite sans doute de grands éloges; & on oublie Mlle *Lemaure*, dont on auroit pû parler, quoiqu'elle ne chante plus à l'Opéra, pour ne pas se souvenir d'Amadis, où elle disoit avec tant de dignité: *Vous, vainqueur d'Amadis!*

Enfin, Madame, on tourne cruellement en dérision un Acteur dont, à la vérité, la voix foiblit; mais qui par ses longs services & la supériorité de ses talens, a mérité des égards de la part du public.

Nos Illuminés proſcrivent de l'Opéra l'imagination & la féerie. Veulent-ils les loger au Théâtre François ? car ſans doute ils les logeront quelque part. Les Auteurs de la brochure, que l'imagination & la féerie ont quelquefois ſi bien ſervi, tout Géometres qu'ils ſont, n'ont pas l'ingratitude de vouloir entierement les exiler de tous les Spectacles ; & ce ſeroit les envoyer dans un véritable exil, que de les reléguer chez les Comédiens Italiens, & à la Foire où elles ne vont guere qu'en partie de débauche.

En attendant qu'on décide ſur ce qu'ils propoſent au ſujet de la féerie, je demande grace au nom de toute la nation pour Armide, Rolland, Amadis de Gaule, & Zelindor.

Quant aux Dieux du Paganiſme, qui n'ont plus d'autels qu'à l'Opéra, je ne vois pas l'intérêt qu'ont les *Géometres* à les en chaſſer. Ils ne leur cauſent point d'embarras ; pourquoi les troubler dans leur petite Juriſdiction ?

D'ailleurs, tout altérés que ſoient au Spectacle de l'Opéra les rites & les cérémonies des Anciens, ce qu'on y en voit pique ma curioſité. Je ſens bien ce qu'on pourroit faire de plus pour la ſatisfaire ; mais je me contente de ce que je trouve-là ; & les images toutes imparfaites qu'elles ſont, me plaiſent plus que ce que je pourrois lire à ce ſujet dans *Sethos*, ou dans quelque livre encore plus ennuyeux.

Je me laisse emporter, Madame, & ma digression vous fait perdre de vûe les intermedes Italiens, attaquant l'Opera François dans son propre sanctuaire & avec le secours de son orquestre. Il est vrai que ce dernier n'a combattu que comme font les auxiliaires, quand ils ne doivent point avoir de part au butin.

Vous pensez, Madame, que l'Opera dut faire alors bien des efforts. Non, il s'est conduit en politique, en abandonnant pour quelques mois les choses au torrent. On jouoit alors Acis & Galathée. M. *Jeliotte* chargé de représenter Acis, se lassa bientôt d'un rolle qui n'avoit rien de brillant; & dès qu'il fut retiré, qu'on fut revenu de l'étonnement dans lequel jettoit la figure de M. *Chassé* représentant Polyphème au haut du rocher, le Public eût abandonné le spectacle, si la curiosité de voir les Bouffons ne l'y eût retenu.

Les Directeurs de l'Opera attendoient, pour frapper les grands coups, le premier moment où Paris tomberoit dans la lassitude qui devoit suivre son accès; car ils regardoient la maladie du Public comme une fièvre. Je crois même que c'est parce qu'ils ont pensé qu'il falloit le faire dormir, & que cela étoit bon pour son mal, qu'ils ont remis le Ballet d'Aréthuse, où les gens qu'on destine à amuser un jour la nation, venoient prendre trois fois la semaine leur leçon, depuis six heures jusqu'à huit, en habit de Théatre. Notre ennemi devoit trouver ce procédé bien méprisant de notre part.

Enfin on se résout à porter les premiers coups. Ce n'est point M. *Rameau* qu'on choisit pour athlete ; l'Opera n'a pas voulu qu'il fût dit, qu'il a été contraint à faire marcher son corps de réserve. Les premiers honneurs de la Lice furent pour les Fêtes de Tempé, Ballet héroïque de M. *Dauvergne ;* ce sont les prémices de ce Musicien pour ce spectacle. La composition en est correcte & sçavante ; mais il n'a osé prendre l'essor, & l'on peut reprocher à sa Musique de sentir l'Ecole, quoiqu'elle ne sente jamais l'Ecolier.

L'ouverture est belle, la fugue est un chef-d'œuvre dans ce genre, ses airs de violon sont pleins de feu & de caractere ; mais ses Ballets ont tous le défaut d'une Fête donnée à contre-tems. C'est la faute du Poeme, dont on peut dire (permettez-moi l'expression basse) qu'ils sent le cadavre ; aussi est-ce l'ouvrage posthume d'un homme qui est *très-mort*.

Ce Ballet, Madame, qui a bien son mérite, a eu le sort d'une premiere colonne qui attaque un front d'armée. Il a essuyé un feu impitoyable de la part des critiques forcenés; mais comme il se rallioit par pelotons, & venoit toujours à la charge avec sa passacaille & la fête de sa quatrième entrée, il s'est fait jour à travers bien des têtes, & a commencé à maintenir l'égalité des armes.

Les Italiens se sentant presser, donnent un nouvel intermede; tous leurs Acteurs doivent y jouer. Les trompettes ont déja annoncé un Acteur, entr'autres, d'un talent supérieur, & qui avoit ravi tous les suffrages dans les premiers Concerts de France.

La toile se leve, le Spectacle commence; la farce Italienne étoit misérable pour la conduite, le Chant moins varié que celui des précédens intermedes.

On voit des Acteurs dépourvûs, je ne dis pas de graces Françoises; on peut n'en avoir pas l'air & les manieres; mais les belles habitudes du corps sont de tout pays. Du reste rien ne dédommageoit en eux de la mauvaise contenance.

Enfin paroît ce chanteur si vanté, dont la voix fit peu de plaisir, dont l'état causa à la plus intéressante partie de l'assemblée un dégoût mêlé d'indignation, & fit pitié à tout le reste.

Les étrangers perdirent la bataille, & l'on connoît la conséquence de la perte d'une bataille en pays ennemi. Comme ils ont de grands Capitaines, on ſe rallia ; & du fond de l'antre qui eſt ſous la loge de la Reine, nos Géometres firent en faveur des vaincus un feu vif, & ſoutenu de brochures & d'épigrammes, ſans oublier les corrollaires. Mais tous leurs efforts ne rappelloient pas à l'Opéra les femmes & les gens à lorgnettes, qui compoſent la moitié du Spectacle, & qui s'étoient retirés.

Les Directeurs profitant à propos de ces momens déciſifs, font avancer ſur la ſcene M. de *Mondonville* armé d'un Ballet héroïque en trois actes, qu'on nomme *Titon & Aurore*. Je quitte le ſtyle de Gazetier, pour eſſayer de vous donner l'idée d'un ouvrage qui fait ici un très-grand bruit, & qui ſervira d'époque à la fixation du goût des François en faveur de leur Muſique.

Les paroles du Poëme ſont du même Auteur, qui avoit fait Zaïde. Comme il eſt mort depuis dix ans, elles ont été retouchées par pluſieurs gens d'eſprit. Elles ont aſſez de naturel, on y trouve des choſes agréables. La charpente en eſt pareille à celle des derniers Opéra de M. de *Lamotte*. Ce ſont deux Amans traverſés par deux jaloux. Quoique l'intrigue n'ait rien de neuf, comme elle marche tout doucement à ſon dénouement, qu'il y a quelque intérêt, on peut placer cet ouvrage dans la claſſe des Opéra paſſables. Venons à la Muſique. L'ouverture eſt foible. Les connoiſſeurs la trouvent auſſi pleine de fracas que vuide d'harmonie. Il y a quelques traits qu'on ſeroit tenté de prendre pour des ſaillies de mémoire. Il y a trop de biſarrerie, ou pour mieux dire, trop peu de deſſein.

Les ouvertures étoient autrefois des Pieces aſſez indifférentes. Elles ſont devenues des eſpéces de défis pour les Muſiciens. Ils y font des eſſais de leurs forces. M. de *Mondonville* n'a pas été abſolument heureux dans celui-ci.

Le prologue qui ſuit eſt abſolument foible. Je ne dis rien du récitatif. Mais les ſymphonies & les airs ne caractériſent rien. Le premier chœur ſent l'Egliſe, & il eſt maigre. Celui qui termine la ſcene eſt chantant, mais fait ſur un deſſein trivial.

Je vous parois de bien mauvaiſe humeur; mais ne vous en allarmez pas, Madame, j'en vais changer en vous parlant du premier acte du Ballet. Il ouvre par un lever de l'aurore; la Muſique qui l'annonce eſt peut-être le morceau le plus fleuri, le plus voluptueux que j'aie oui à l'Opéra. On croit en même tems voir épanouir les fleurs, tomber la roſée, entendre les gazouillemens des oiſeaux, ſentir le treſſaillement de la nature aux approches du jour. La ſcene qui ſuit eſt écrite avec des graces & du naturel; elle eſt terminée par un duo qui ne laiſſe rien à deſirer, & ſuivie d'une fête de pastres semée de petits airs tendres & légers, qui sont autant de miniatures. Rien ne vous étonne, & tout vous plaît. L'acte finit par une scene de force & de jalousie assez bien faite.

Une scene de même nature, & un peu ressemblante, commence à jetter de la froideur dans le second acte. Un chœur de vents plein de bruit & d'harmonie vient maîtriser l'attention du Spectateur.

Les gens du métier, en rendant justice à la beauté dont est ce chœur, disent qu'il n'est point assez caractérisé, & qu'il peut convenir indifféremment aux Titans, à des Démons, à des Ciclopes. Mais je crois qu'on peut s'en rapporter à l'impression générale pour juger du mérite de ce morceau de Musique.

Il y a dans ce second acte une fête champêtre moins agréable que celle du premier, quoiqu'il y ait de jolis airs de violon & des Ariettes chantantes.

Le troisième acte débute par un morceau sur le mérite duquel on n'est point d'accord. Pour que vous puissiez m'entendre plus aisément, Madame, je dois vous donner une idée du Poëme dans cet endroit.

Palès dédaignée par *Titon*, l'en punit en l'affligeant d'une vieillesse & d'une caducité anticipée. *Titon* se réveillant, voit dans les eaux d'une fontaine, au bord de laquelle il est endormi, les symptômes apparens de sa décrépitude, dont il sent en même tems tous les inconvéniens.

L'oreille ne sauroit décider de la valeur de la Musique, qui annonce le monologue par lequel l'Acteur doit rendre la surprise & les différens sentimens qui vont l'agiter. Il semble que le Musicien ait cherché à peindre le pénible & inutile effort que fait un octogénaire mourant pour arracher un phlegme de sa poitrine. Le monologue qui suit m'a paru bien fait.

Nous le jugerons plus sainement encore, quand il aura été traduit en langue vulgaire, c'est-à-dire quand M. *Jeliotte* aura cessé de le jouer, car jusqu'ici on appréhende que le grand Acteur n'ait fait illusion; ce qui feroit cependant penser que le Musicien a beaucoup de part au succès de cette scene, c'est que M. *Jeliotte*, malgré son art, n'a pû tromper le public sur la symphonie du rajeunissement. En effet quelque précaution qu'il prenne, on ne s'apperçoit pas que Titon revienne à vingt ans.

Le reste du Ballet n'a plus rien qui intéresse, ni qui pique. Les airs de violon en sont négligés; & si l'Opéra ne finissoit par une Ariette dans laquelle M. *Jeliotte* se surpasse, il y a bien des gens qui en sortiroient avec de l'humeur.

On peut dire que M. de *Mondonville* a

bien saisi dans cet ouvrage le goût de la nation pour les vaudevilles, les petits airs chantans & légers ; il a même, par esprit de conciliation, cherché à donner quelquefois dans l'Italien. Cependant, Madame, en lui rendant justice, on ne peut regarder cet Opera-ci que comme un troisieme essai qu'il fait dans un genre encore nouveau pour lui. Le fond de l'harmonie, le travail des symphonies & des airs de violon ne répondent point en général à l'idée que nous nous sommes faite d'un homme à qui la France a pour le chant de l'Eglise l'obligation qu'elle a à M. Rameau pour celui du Théatre. Si ma décision vous paroît rigoureuse, l'Auteur en est plus que dédommagé par les flatteries outrées des enthousiastes de la Musique Françoise, des ennemis des boufons, & enfin de ceux qui ayant été leurs amis *à tout rompre*, viennent aujourd'hui comme le pauvre *Irus* boire avec les vainqueurs. On crie à la merveille & au prodige, on applaudit à l'Auteur à chaque représentation. M. *Rameau* n'eut jamais des instans si flateurs. C'est un peu de sa faute ; il n'a pas la complaisance, quand il donne de ses ouvrages, de se venir prêter aux carresses du Public, seulement un quart d'heure par jour d'Opera.

On dit que le caractere de M. de *Mondonville* contribue beaucoup à ses succès. Il

Il n'a point d'ennemis, & il a des amis, même parmi ses rivaux. Il mérite de réussir, & il réussira sans doute bien plus par la suite, pourvû que ne se laissant point éblouir par ce succès, il reconnoisse de bonne foi ce qu'il doit au bonheur des circonstances ; qu'il se défie de ces petites apothéoses passageres, qui éloignent les hommes de l'immortalité, quand ils se trompent au point de les envisager comme le véritable but auquel ils doivent tendre. L'illusion doit d'autant moins durer pour un homme raisonnable qu'il est bien-aisé de s'appercevoir dans toutes ces révolutions-ci (où le caprice & la mode ont beaucoup de part) que ceux qui font le plus de bruit, ont presque tous l'oreille en-dehors.

Enfin, Madame, l'Opera François triomphe. Il ne reste plus qu'à souhaiter qu'il use bien de sa victoire, qu'il se souvienne de la guerre des Romains contre les Samnites & des *fourches caudines*. Je crois que le trait vient à notre histoire ; sur-tout, qu'à ce coup-ci les fourches n'en soient pas ; qu'il accorde à son ennemi une composition honorable. Il doit être bien content ; les Italiens qui occupoient le Théatre lyrique de Paris pendant toute la semaine, & que les vœux des François appelloient dans toutes les Provinces, ne joüeront plus si souvent. Je crois que l'intérêt général est qu'on les y ſoutienne. En les en banniſſant, on paroîtroit les craindre. Il faut montrer qu'on ne redoute point la comparaiſon, nous attirerons par-là l'Etranger à notre ſpectacle lyrique, il contractera l'habitude d'y venir, & entendra de la Muſique françoiſe en dépit de lui-même. Car notre orqueſtre, quoiqu'exécutant de la Muſique italienne, quoique diſcipliné à l'Allemande, reſtera toujours dans le fond un orcheſtre François.

J'ai le bonheur, Madame, de n'avoir point pris de parti au milieu de tant de factions. Je m'amuſois beaucoup de la Muſique Italienne, & beaucoup plus des projets de ceux qui culbutoient, en idée, notre Opera, pour mettre à ſa place un ſpectacle dans une langue étrangere, dont il faudroit bien connoître les beautés, pour être en état de décider juſqu'à quel point le Muſicien leur eſt fidele, où l'oreille ſeule eſt flatée, & tous les autres ſens ſacrifiés ; (car je maintiens que rien ne remplaceroit à nos yeux la décoration d'un chœur & d'un ballet bien habillé :) où le Public ne voit rien que de contraire à ſes mœurs & à ſes uſages, que des Poëmes longs, irréguliers, dénués d'intérêts. J'enveloppe dans cette déciſion générale les ouvrages même de Metaſtaſio ; non que ſes Tragédies ne ſoient remplies de chaleur avant de paſſer par les mains du Muſicien ; mais la carriere que ſe donne celui-ci, refroidit néceſſairement le ſpectateur, & le rend indifférent pour l'action qui ſe paſſe ſous ſes yeux. Dans nos Opera bien faits, le récitatif marche rapidement. Les monologues entretiennent la chaleur ; quelquefois les svietes même aident la marche de l'action *. Je ne puis rien dire du récitatif italien. Ils diſent qu'il eſt naturel, il eſt donc bon ? mais leurs ſcenes, leurs monologues, finiſſent toujours par des arietes, où le Muſicien ne manque jamais de briller à contre-ſens. J'en vais citer un exemple, & je le prends dans un endroit de l'Opera d'Artaxerce, le plus admiré de l'Italie. Artaxerce vient de perdre ſon pere par un aſſaſſinat qu'il a vengé mal-à-propos ſur ſon frere innocent, & qu'il eſt obligé de pourſuivre aux dépens de la vie de ſon meilleur ami, frere de ſa maîtreſſe, & qui paroît coupable. Voilà une ſituation violente. Le Poëte dit :

Dels' reſpirar la ſciate mi
Qualche momento in pace
Capace di riſolvere
La mia raggione non e.

Il n'y a rien de trop. Le Muſicien joue impitoyablement ſur tous les mots pendant un quart d'heure.

* *Voyez le monologue d'Armide, celui d'Iſſé, & l'ariete chantée par Vertumé, dans le Ballet des Elémens, qui commence par* Voyez dans ces vergers.

Dans le même Opera, Arbace innocent, mais n'osant le découvrir ; banni d'une Cour où il est amoureux ; cru coupable par sa maîtresse de la mort d'un pere, chante cette belle ariette, *To sol cando un mar crudele*, dit qu'il ressemble à un homme qui essuie une tempête sans voile & sans cordages. Le Musicien lui fait abandonner absolument l'idée de son état pour suivre à tire de gosier l'image de la mer agitée dans toutes ses circonstances, le tonnerre, les vents, les flots, *&c.* il est vrai que la peinture est aussi belle que déplacée.

Quand nos héros se trouvent dans des situations violentes, l'image de la mer leur revient à l'esprit ; mais voici ce que fait M. *Rameau* dans les Indes Galantes en pareil cas. Dans le morceau qui commence par *Vaste empire des Mers*, le personnage y paroît livré à tous les sentimens naturels, à l'état où il se trouve, & le Musicien fait peindre par les symphonies d'accompagnement l'image qui fait la comparaison. Ce travail a droit de nous plaire, parce qu'il est sage. Nous n'envions point aux étrangers le plaisir qui résulte pour eux de la violation des regles & des bienséances ; c'est à elles que nous devons des chefs d'œuvres dans tous les genres, & nous nous sommes fait une loi de les respecter même sur le Théatre, où on se permet le plus d'écarts.

Quand on nous proposeroit d'attirer sur notre Théatre les premiers acteurs de l'Italie, combien n'aurions-nous pas à souffrir de leur maintien avant qu'ils eussent pris cet air aisé qui caractérise chez nous jusqu'au peuple même, avec lequel nous naissons pour ainsi dire, que nous exigeons des hommes dans tous les états, & à la plus grande rigueur, des gens de Théatre? Non, Madame, je ne crois pas que nous devions abandonner notre Théatre, & encore moins notre chant, il peint les passions comme elles se font sentir par nous, il a sa voix, son énergie; la nature est différente chez nous de ce qu'elle est chez les Italiens. Chez eux l'amour est lascif, la gayeté minaudiere & la colere convulsive. Nous avons bien une autre naïveté; & quand nos Artistes imitent la nature, comme nous avons seuls l'objet de la comparaison dans nous-mêmes, nous sommes seuls juges capables de décider de leur travail. Ne croyez pas cependant, Madame, que je veuille ravaler la Musique italienne, en soutenant les droits de la nôtre. Je sçais que nous n'en avons presque point d'instrumentale, & que nos Auteurs peuvent beaucoup apprendre des Italiens pour ce qui est des accompagnemens travaillés & des symphonies. Nous n'avons rien en ce genre qui puisse être opposé à nos rivaux, ils sont nos maîtres;

mais en les imitant dans les différentes parties, évitons de faire passer leur modulation dans notre chant, & même dans les ariettes; puisque, à moins d'avoir le goût le plus délicat, on se rencontreroit sûrement avec *Saggioni*, Auteur Italien, qui nous donna, il y a seize ou dix-sept ans, un Recueil de Chansons Italiennes sur des paroles françoises, qu'on peut mettre au nombre des plates boufonneries, malgré le sçavoir qui y est répandu.

Je ne crois pas que nous ayons besoin de modeles pour notre récitatif, nos chœurs, & nos airs de Ballet. MM. *Lully* & *Rameau* seront à l'avenir nos Auteurs classiques pour ces différens genres, sur-tout M. *Rameau* pour les airs de Ballet. Je sens la joie yvre des vendangeurs du Ballet de Platée. Je cause avec ses menuets des Indes galantes; il me semble sur-tout entendre dans le majeur une conversation animée pendant laquelle une réplique n'attend pas l'autre. Enfin je trouve plus de pensées dans les ouvrages de Musique de ce grand génie, que dans toutes les brochures d'un bel esprit à la mode, qui fait le métier de penser.

On nous oppose, avec quelque apparence, que notre Chant n'a que nous de partisans en Europe; peut-être ce goût exclusif n'est-il chez l'étranger que l'effet de l'habitude & du préjugé.

Avant Lully, les ſeuls Italiens chantoient en Europe. L'Italie étoit alors le magaſin des Arts, & principalement de la Muſique. Nous y puisâmes comme le reſte de l'Europe; mais nous nous apperçûmes bien-tôt qu'il y avoit dans notre Langue une nobleſſe, une tournure de ſentiment propre à notre caractere particulier, dont la peinture nous feroit plaiſir, & que la modulation Italienne ne rendoit pas; & c'eſt-là l'origine de notre ſchiſme. Peu-à-peu nos Compoſiteurs en ſont venus au point de nous toucher par l'expreſſion fidele des nuances de nos paſſions; ils ont rendu juſqu'à cette fleur de galanterie, dont notre nation a été lontems en droit de ſe piquer. Ils ont trouvé le chemin du cœur, nous ont émû; ils nous plaiſent. Serions-nous ſages de négliger les plaiſirs réels qui nous viennent de leurs travaux, pour chercher ceux que nous procureroit la Muſique Italienne, qui ſeroient sûrement toujours équivoques pour nous?

Une autre raiſon de la préférence que l'étranger donne au Chant Italien ſur le nôtre, c'eſt qu'il eſt agréable même, étant iſolé des paroles; il n'emprunte rien d'elle, comme il ne leur prête rien. Chez nous au contraire un air dénué des paroles pour leſquelles il a été fait, reſſemble à un trait d'harmonie privé de ſa baſſe fondamentale. Or dans la ſuppoſition d'un Amateur qui ignore les deux Langues, & qui veut choisir, il n'y a point de doute que le Chant Italien ne doive être préféré.

Nous garderons le nôtre, Madame; il continuëra de faire une de nos richesses; & nous regarderons ceux qui nous proposeront de l'abandonner, comme les Anglois regarderoient un homme qui leur conseilleroit de quitter leur langue maternelle, pour n'étudier que la langue françoise, parce que celle-ci est devenue la langue des traités, & de la plûpart des Cours de l'Europe.

Liste des Morts & des Blessés.

Du côté des François.	Du côté des Italiens.
Morts.	
Acis & Galathée.	La finta Cameriera.
Le Prologue des Fêtes de l'Eté.	La Dona superba.
	La Scaltra governatrice.
Aréthuse.	
Le Ballet de Tempé.	
Blessés.	
Titon & Aurore.	

On ne sçauroit répondre de la parfaite exactitude de cette liste, il faut attendre des mémoires plus exacts. Il court un bruit que le Ballet de Tempé n'est point mort; mais que sa chûte lui a procuré un étourdissement violent qui ne sera pas mortel.

Le Ballet de Titon a reçu deux profondes blessures, l'une dans son corps d'harmonie, l'autre dans la partie de l'invention. Le goût a un peu souffert de la démarche qu'il a faite, en voulant concilier les deux Musiques.

FIN.

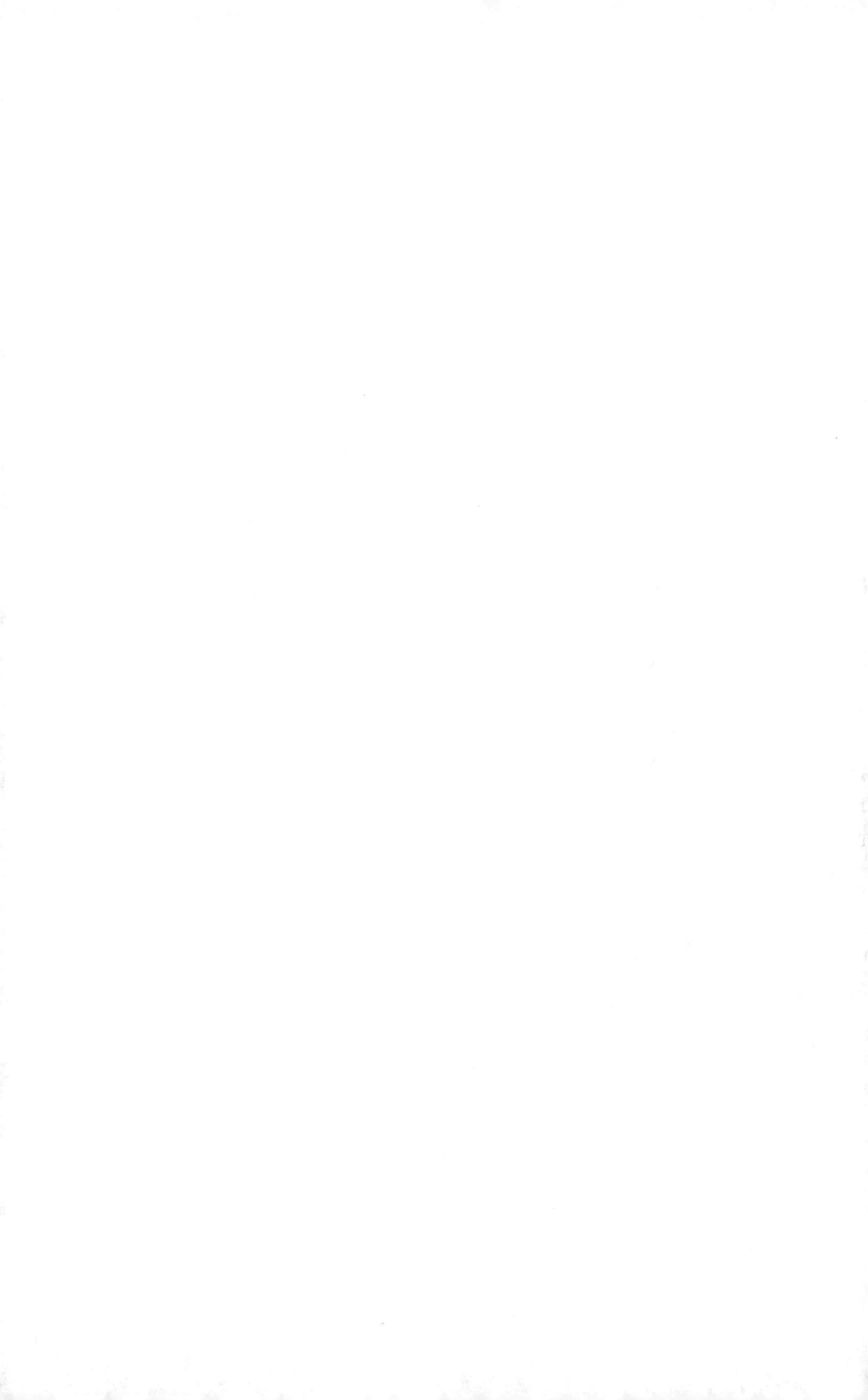

www.ingramcontent.com/pod-product-compliance
Lightning Source LLC
LaVergne TN
LVHW020633110826
845149LV00004B/1157

* 9 7 8 2 0 1 1 9 0 3 4 9 5 *